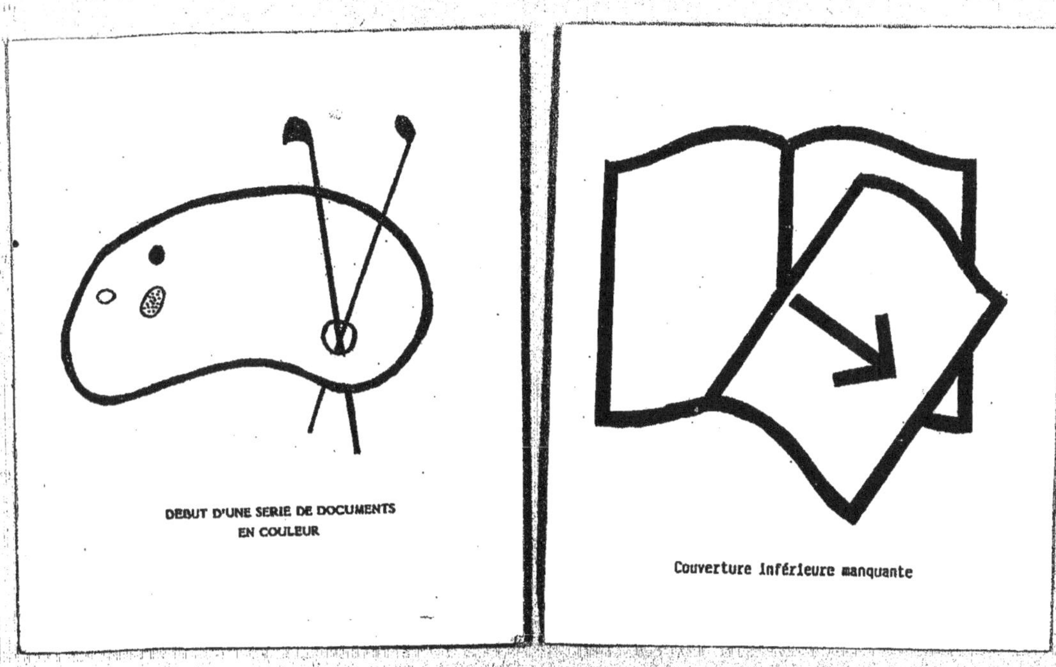

DÉBUT D'UNE SÉRIE DE DOCUMENTS
EN COULEUR

Couverture inférieure manquante

SCIENCE ET RELIGION

Études pour le temps présent

LE SYLLABUS

ÉTUDE DOCUMENTAIRE

PAR

l'Abbé Pierre HOURAT

du Clergé de Bayonne

I

Première phase : 1849-1861

ENQUÊTE DANS LE MONDE CATHOLIQUE
SUR LES ERREURS MODERNES. — LETTRE PASTORALE
DE MONSEIGNEUR GERBET.

PARIS

LIBRAIRIE BLOUD & Cie

4, RUE MADAME ET RUE DE RENNES, 59

1904

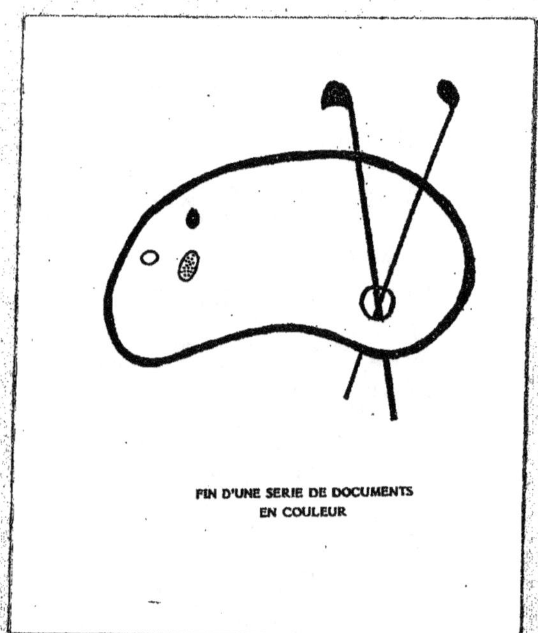

FIN D'UNE SERIE DE DOCUMENTS
EN COULEUR

LE SYLLABUS

SCIENCE ET RELIGION
Études pour le temps présent

LE SYLLABUS

ÉTUDE DOCUMENTAIRE

PAR

L'Abbé Pierre HOURAT

du Clergé de Bayonne

I

Première phase : 1849-1861

ENQUÊTE DANS LE MONDE CATHOLIQUE
SUR LES ERREURS MODERNES. — LETTRE PASTORALE
DE MONSEIGNEUR GERBET.

PARIS

LIBRAIRIE BLOUD & Cie

4, RUE MADAME ET RUE DE RENNES, 59

1904

LE SYLLABUS
ÉTUDE DOCUMENTAIRE

PRÉFACE

Depuis une quarantaine d'années que le *Sylla-bus* a été promulgué, il s'est élevé, à propos de cet acte de l'autorité pontificale, tant et de si vives discussions qu'il ne pouvait être superflu de présenter à nos contemporains, dans un format commode, ce texte si controversé. L'auteur a rassemblé ici, autour de ce texte, un certain nombre de documents : premiers projets de *Syllabus*, lettres et allocutions papales ou épiscopales qu'on ne trouverait ailleurs qu'au prix de longues et fastidieuses recherches. Ces documents qui expliquent la genèse du *Syllabus* et le replacent dans son milieu historique, en sont le

seul commentaire indispensable. Aussi l'auteur
s'est-il abstenu volontairement d'exprimer des
opinions personnelles : il n'a prétendu qu'au
rôle de rapporteur fidèle. Du moins, il espère
avoir fourni au lecteur tous les éléments d'une
appréciation équitable et fondée.

CHAPITRE I

A QUI REVIENT LA PREMIÈRE IDÉE DU SYLLABUS

Parmi les preuves — que j'appellerais volontiers humaines — apportées par les apologistes en confirmation de la divinité de l'Église, une de celles qui m'ont toujours le plus fortement frappé, c'est l'unité de doctrine — et une unité absolue, sans la moindre solution de continuité — dans cette longue série de pontifes romains, si divers, cependant, de tempérament, de pays, de race, d'aspirations, de passions même… Rien d'étonnant, dès lors, à ce que cet acte solennel du magistère infaillible promulgué par Pie IX et qu'on appelle le *Syllabus* ait été, à diverses reprises, confirmé par Léon XIII. Mais ce qu'il y a de plus étonnant, de vraiment curieux, c'est que ce soit Léon XIII lui-même qui, le premier, ait conçu l'idée du *Syllabus*. Cardinal-archevêque de Pérouse, il assista au concile provincial de Spolète, où tous s'inclinèrent devant son éminente doctrine. Si

bien des questions furent examinées en cette
assemblée, cependant on y rechercha plus particulièrement les moyens de combattre les erreurs
dont la *Déclaration des Droits de l'homme et
du citoyen* semble avoir provoqué la germination
chaque jour plus touffue. A cette occasion, le
pieux archevêque remarqua que, sans doute,
l'Église avait un jour ou l'autre condamné ces
erreurs ; toutefois, il serait de la plus grande
importance qu'elle les condamnât à nouveau, et
sous la forme qu'elles revêtent de nos jours. En
conséquence, il suppliait l'assemblée de réclamer
du Saint-Siège cette condamnation ; et ce, sous
forme de *tableau.* « Demandons instamment à
» notre Saint-Père le Pape de nous donner une
» constitution qui — énumérant les diverses
» erreurs concernant ce triple sujet (1), cha-
» cune sous son nom propre et sous une forme
» telle qu'on puisse, pour ainsi dire, les embrasser
» *d'un seul coup d'œil* — leur applique la cen-
» sure théologique voulue et les condamne dans
» les formes ordinaires. En effet, et bien que
» ces mêmes erreurs modernes aient été déjà
» séparément condamnées par l'Église, le saint
» Concile est néanmoins persuadé qu'il y au-
» rait grand profit pour le salut des fidèles, si

(1) Il s'agissait de l'*Église* — de l'*autorité* — de la *propriété.*

» on les présentait ainsi *groupées en tableau* et
» sous les formes qu'elles ont revêtues de nos
» jours, en leur infligeant la note spécifique. —
» Ut SSmus Dominus ad Constitutionem confi-
» ciendam suppliciter exoretur, qua singuli errores
» prædictam triplicem speciem respicientes,
» veluti *sub uno oculorum intuitu* nominatim
» recenseantur, pro eorum ratione censura theo-
» logica notentur, formisque consuetis damnatione
» plectentur. Quamvis enim et ipsi errores ho-
» dierni fuerint alias et divisim ab Ecclesia subs-
» tantialiter damnati, sacer tamen Conventus non
» dubitat, quin eos præfato modo *in unum colli-*
» *gere*, specifica nota mulctare, eaque nova forma,
» quam recentius induerunt, exhibere Christi fide-
» libus ad salutem sit profiturum......(1) » Or, le
Syllabus, qu'est-ce autre chose que ce *tableau*
des erreurs modernes réclamé par l'archevêque
Pecci ? Et le *Syllabus* date de 1864 ; et le concile
de Spolète tenait ses assises en l'an 1849.

Concluez.

(1) *Collectio-Lacensis*, VI, p. 743. — *Scelta di atti epis-
copali del Card. Gioacchino Pecci, arcivescovo-vescovo di
Perugia, ora Leone XIII Sommo Pontifice*, p. 417.

CHAPITRE II

L'IDÉE D'UN SYLLABUS SE CONFIRME

Deux ans plus tard, un ouvrage parut à Turin qui avait pour titre : *Saggio intorno al socialismo ed alle dottrine e tendenze socialistische* (1). Comme nul n'en ignore, la question de l'Immaculée Conception était alors l'objet de l'attention de tout le monde catholique. Quelques jours encore, et la bulle *Ineffabilis* allait mettre au front de notre Mère un joyau d'une immense valeur. Or, dans une note de l'ouvrage en question, l'auteur insistait avec force sur les grands biens que la société ne manquerait point de retirer de la définition du dogme de la Conception Immaculée de Marie. Et il se basait sur ce que cette définition serait le coup le plus mortel porté aux principales erreurs du temps. La revue que venaient de fonder les PP. Liberatore et Curci et qui déjà s'imposait à l'attention en attendant

(1) *Essai sur le socialisme et les doctrines et tendances socialistes.*

qu'elle acquît une réputation européenne, fut
frappée de cette idée. Marie, selon la pensée des
Pères, n'est-elle point la *puissante extermina-
trice des hérésies ?* De là, à la mettre en valeur,
il n'y avait qu'un pas. Et voilà comment, en trai-
tant des « conséquences sociales » que pourrait
amener une définition dogmatique de l'Immaculée
Conception, la *Civiltà Cattolica* en vint à traiter
de l'opportunité de renfermer dans la Bulle de
définition, la condamnation explicite des erreurs
du rationalisme et du semi-rationalisme.

CHAPITRE III

INITIATIVE PONTIFICALE

Pie IX était à la barre du gouvernail de l'Église.
Après avoir paru céder au courant, il ne tarda
pas à s'apercevoir qu'on espérait lui faire jouer
un métier de dupe. Sa vigilance était donc en
éveil ; et plusieurs fois déjà, à l'époque où nous
sommes, il avait, dans ses écrits comme dans ses
allocutions, condamné ce qu'on est convenu d'appeler les *erreurs modernes.* Venant après les
graves paroles du Concile de Spolète, les considérations de la *Civiltà cattolica* ne durent-elles

point paraître comme une indication de la Providence au saint Pontife qui puisait les finesses de la diplomatie au pied du crucifix ? Il fit donc appeler le cardinal Fornari pour lui confier la charge d'adresser une lettre aux membres les plus en vue de l'épiscopat (1), ainsi qu'à un certain nombre de catholiques éminents, et de leur demander de dire toute leur pensée au sujet des erreurs modernes. Cette lettre, nous le verrons dans les pages qui suivent, fut le point de départ d'un travail qui se continua douze années durant, pour, finalement, aboutir à la publication de l'Encyclique *Quanta cura* et du *Syllabus*.

Les lettres adressées, avons-nous dit, à divers membres de l'épiscopat et à quelques catholiques, durent sans doute être identiques. Quoiqu'il en soit, nous sommes heureux de donner ici celle qui fut adressée à Louis Veuillot :

Monsieur,

Sa Sainteté a décidé d'entreprendre des études sur l'état intellectuel de la Société moderne en ce

---

Signore,

La Santità di nostro Signore avendo ordinato d'intraprendere degli studii sullo stato intelletuale

(1) S'il faut en croire M. le chanoine Maynard, Mgr Dupanloup, évêque d'Orléans, aurait été nommément éliminé.

qui concerne les erreurs les plus généralement répandues par rapport au Dogme et à ses points de contact avec les sciences morales, politiques et sociales. En conséquence, Elle a désiré qu'on eût, pour de plus amples et de plus sûres informations, recours aux personnages qui, par leurs travaux et leur situation, semblaient plus aptes à remplir cette mission.

Chargé par Sa Sainteté de donner suite à ses desseins; et d'autre part, appréciant à leur juste mérite vos connaissances et la pureté de votre zèle pour tout ce qui concerne le bien de l'Église Catholique, je n'ai pas hésité un seul instant à vous prier de prendre part à ce travail, qui ne

---

della società moderna riguardo agli errori più generalmente diffusi relativamente al Domma e ai punti suoi di contatto colle scienze morali, politiche et sociali : ha desiderato, che si facesse ricorso, onde avere più ampie et sicure informazioni, a personaggi, che per i loro lavori, et per la loro posizione verranno giudicati più capaci di adempiere siffatta missione.

Essendo stato incaricato da Sua Santità di eseguire cotesti suoi ordini, et d'altronde apprezzando il merito delle cognizioni della S. V. et la purezza del suo zelo per tutto quanto concerne il bene della Chiesa Cattolica, io non ho esitato un momento a chiamarla a prendere una parte in questo

peut être que très utile aux intérêts de toute la Chrétienté.

Afin d'avoir une certaine uniformité dans les réponses, vous êtes prié de suivre le modèle ci-joint, autant du moins que le permettront les re-marques que vous jugerez convenable de nous transmettre ; remarques qu'il vous sera loisible d'écrire dans la langue qui vous sera la plus fami-lière.

Pour l'heureuse et prompte réussite des projets du Saint-Père, il est de toute rigueur :

1° De garder un religieux silence sur toute cette affaire ;

2° Et, ce qui importe davantage encore, de se

---

lavoro, che non puo non essere utilissimo agli interessi di tutta la Cristianità.

A fine di ottenere una certa uniformità nell'or-dine delle risposte, ella è pregata di seguire il modello qui compiegato, per quanto lo permette-ranno i rilievi, che ella crederà bene di trasmet-termi ; rilievi, que potrà scrivere nella lingua che l'è più familiare.

Per la felice e pronta riuscita degl'intendimenti del Santo Padre egli è di estrema necessità :

1° Che si mantenga un religioso silenzio su tutto questo affare ;

2° Cio che più importa ancora si riferisce alla celerità del lavoro. Essendochè non si tratti qui di

hâter dans ce travail. Il n'est donc point nécessaire de développer les matières, mais simplement
de fournir des *indications* ; et Sa Sainteté désire
que, dans un mois à dater de cette lettre, vous
me fassiez parvenir le fruit de vos premières recherches. Je dis : de vos premières ; car toutes
vos observations ultérieures seront reçues avec
autant de plaisir que de profit.

Je suis persuadé, Monsieur, que le zèle
pour la cause de la Religion et le désir du
Saint-Père qui attache à cette affaire la plus
haute importance seront deux puissants motifs qui vous détermineront à nous apporter

---

svolgimento di materie, ma unicamente di *indi-
cazioni*, è intenzione di Sua Santità, che a capo a
un mese, a datare dalla ricevuta di questa lettera,
ella mi spedisca il primo frutto delle sue ricer-
che. Dico il primo, perchè tutte le osservazioni ul-
teriori saranno accettate con piacere et con van-
taggio.

Sono persuaso, o signore, che lo zelo per la
causa della Religione, e la volontà di Sua Santità
il Papa, il quale annette a questo affare la più
alta importanza, saranno due potenti impulsi a
determinarla a mettervi il concorso dei suoi lumi
et della sua pietà.

Gradisca, signore, i sentimenti dell'alta con-

le secours de vos lumières et de votre savoir.
Daignez agréer, etc.

Rome, 20 mai 1852.

R. Card. FORNARI (1).

---

siderazione con la quale mi onoro di essere.

Roma, 20 maggio 1852.

L'affezionatissimo servitore,

R. Card. FORNARI

Al Luigi Signor Veuillot.

CHAPITRE IV

LE SYLLABUS DU CARDINAL FORNARI

Ainsi qu'on vient de le lire, le cardinal Fornari fit donc transmettre à chaque intéressé un *Sylla-bus* — déjà ! — de vingt-huit propositions. Nous le donnons dans son texte original.

SYLLABUS DES DIVERS POINTS QUE L'ON PEUT AVOIR SOUS LES YEUX	SYLLABUS EORUM QUÆ IN COLLIGENDIS NO-TANDISQUE ERRORI-

(1) *Biblioteca del Divin Salvatore*, II, p. LXXVII ; — Rinaldi, *Il valore del Sillabo*, p. 239.

BUS OB OCULOS HA-
BERI POSSUNT

I. Unitas divinæ sub-
stantiæ. — Pantheis-
mus.

II. Trinitas persona-
rum. — Multiplex cor-
ruptela, novæque *Sa-
bellianismi* formæ.

III. Creatio ejusque
orthodoxa ratio. — *E-
manationis* systemata.

IV. Origo hominis. —
Materialistarum pla-
cita, præexistentia ani-
marum, earum tradux,
anima universalis, uni-
versalisque intellectus.

V. Catholica ratio ejus
quod supernaturale di-
cimus. — *Rationalis-
tarum* commenta.

VI. Supernaturalis ho-
minis destinatio. — *An-
tropolátria.*

I

POUR RECUEILLIR ET
NOTER LES ERREURS

I. Unité de la subs-
tance divine. — Pan-
théisme.

II. Trinité de person-
nes. — Diverses erreurs,
et nouvelles formes du
Sabellianisme.

III. Création et sa
donnée orthodoxe. —
Systèmes de l'*émana-
tion.*

IV. Origine de l'hom-
me. — Théories des *ma-
térialistes,* préexistence
des âmes, leur trans-
mission, l'âme univer-
selle, et l'intellect uni-
versel.

V. Concept catholi-
que de ce que nous ap-
pelons surnaturel. —
Théories des *rationa-
listes.*

VI. Destination sur-
naturelle de l'homme.
— *Anthropolâtrie.*

2

VII. Prévarication et ruine de l'homme. — Son autonomie.

VIII. Effets de la faute originelle, la mort, l'ignorance, la concupiscence et l'aversion de Dieu. — Que peut la raison, et du rapport entre la raison et l'autorité, entre la science et la foi.

IX. Ordre moral. — Idéalisme de Kant et matérialisme des Utilitaires.

X. Réparation du genre humain. — Ses explications postérieures.

XI. Mode de la réparation et son accomplissement par le Christ. — Erreurs très graves sur ce point.

XII. Le Christ substantiellement Dieu-Homme. — Multiples sortes de Socinianisme

VII. Hominis prævaricatio et ruina. — Ejusdem autonomia.

VIII. Originalis culpæ effectus, mors, ignorantia, concupiscentia et a Deo aversio. — Quid ratio valeat, et de habitu inter rationem atque auctoritatem, inter scientiam et fidem.

IX. Ordo moralis. — Idealismus Kantii et Utilitariorum materialismus.

X. Humani generis reparatio. — Præposteræ ejusdem explicationes.

XI. Modus reparationis ejusque absolutio per Christum. — Gravissimi de hoc capite errores.

XII. Christus substantive Deus-Homo. — Multiplex Socinianismi genus eo pertinens ut

Christus eo tantum no-
mine credatur Deus-
Homo, quod in ipso Deus
semet præstantissime
manifestavit.

XIII. Missio Christi,
eademque suprema ho-
minis religiosa institu-
tio. — Systemata *inde-
finiti progressus*.

XIV. Immutabilitas
objectiva Revelationis
christianæ, sive theore-
ticæ sive practicæ. —
Errores de Christianis-
mo, qui sit temporaria
quædam religionis for-
ma.

XV. Necessitas fidei.
— *Pietismus* et *La·
titudinariorum* dog-
mata.

XVI. Necessitas ex·
piationis et pœnitentiæ.
— Doctrinarum capi-
ta de fovendis explen-

aboutissant toutes à faire
regarder le Christ com-
me Dieu-Homme, en ce
sens seulement que Dieu
s'est manifesté en lui
d'une manière surémi-
nente.

XIII. Mission du
Christ, qui est en même
temps la formation re-
ligieuse suprême de
l'homme. — Systèmes
du *progrès indéfini*.

XIV. Immutabilité ob-
jective de la Révélation
chrétienne, soit théori-
que, soit pratique. —
Erreurs sur le Christia-
nisme, qui serait une
certaine forme tempo-
raire de religion.

XV. Nécessité de la
foi. — *Piétisme* et af-
firmations des *Latitu-
dinaires*.

XVI. Nécessité de l'ex-
piation et de la péni-
tence.—Points capitaux
des doctrines concer-

nant les passions à favoriser et à satisfaire.

XVII. Continuation de la mission du Christ dans l'Église et par l'Église. — Erreurs sur l'Église, qui serait une institution humaine et sujette à changement.

XVIII. Unité de l'Église. — Erreur sur la liberté accordée à chaque homme de se choisir lui-même la secte chrétienne qu'il préfère.

XIX. Droits de l'Église. — Opinions des *Régalistes*.

XX. Droit d'enseigner. — Erreurs opposées à ce droit.

XXI. Droit de diriger. — Erreurs contraires à ce droit.

XXII. Hiérarchie et son origine immédiate et médiate. — Erreurs qui ont trait aux élections.

disque passionibus.

XVII. Continuatio missionis Christi in Ecclesia et per Ecclesiam. — Errores de Ecclesia, quæ sit humana mutabilisque institutio.

XVIII. Unitas Ecclesiæ. — Error de libertate singulis facta, ut eum quisque sibi eligat christianum cœtum, quem prætulerit.

XIX. Jura Ecclesiæ. — *Regalistarum* opiniones.

XX. Jus docendi. — Errores huic juri oppositi.

XXI. Jus pascendi. — Errores qui huic juri adversantur.

XXII. — Hierarchia, ejusque origo immediata et mediata. — Errores qui ad electiones referuntur.

XXIII. Homo christianus in civili societate.

XXIV. Jura et officia civilis societatis christianæ.

XXV. Limites civilis potestatis pro homine christiano.

XXVI. *Despotismi* non minus quam *Anarchiæ* et rebellionum proscriptio.

XXVII. Officia hominis chistiani erga civilem societatem.

XXVIII. De morte deque altera vita. — Errores qui ad rationem mortis explicandam, ad immortalitatem animarum, expiationem in Purgatorio, pænarumque æternitatem referuntur.

N. B. — 1° Hæc capita non ea mente innuimus, ut alia hic quæ succurrant opportuna

XXIII. Le Chrétien dans la Société civile.

XXIV. Droits et devoirs de la Société civile chrétienne.

XXV. Limites du pouvoir civil pour le Chrétien.

XXVI. Proscription du *Despotisme* non moins que de l'*Anarchie* et des révoltes.

XXVII. Devoirs du chrétien envers la Société civile.

XXVIII. De la mort et de l'autre vie. — Erreurs qui ont trait à l'explication de la mort, à l'immortalité des âmes, à l'expiation dans le Purgatoire, et à l'éternité des peines.

N. B. — 1° En proposant ces chefs, nous n'avons pas en vue d'exclure tous autres qui paraîtraient opportuns, mais nous voulons offrir comme une indication. — 2° En signalant les erreurs, on aura surtout à cœur de rapporter autant que possible et avec le plus grand soin les paroles mêmes des auteurs, notant même les pages. — 3° Il sera bon d'intercaler certaines choses qui aideront à bien déterminer l'antithèse catholique.

excluderemus, sed ut normam aliquam præberemus. — 2° In referendis erroribus id summopere cordi esse debebit, ut verba ipsorum auctorum, quoatenus fieri potest, diligentissime ac ipsis etiam notatis paginis describantur. — 3° E re fuerit nonnulla interserere, quæ ad catholicam antithesim rite statuendam conducant.

CHAPITRE V

CONSTITUTION D'UNE COMMISSION DU SYLLABUS

Quel fut au juste le nombre des évêques et des savants auxquels le Saint-Siège fit envoyer la susdite communication ? Les archives du Vatican n'ont point encore livré leur secret. Mais de ce

que le cardinal Fornari réclamait un silence ab-
solu sur la question, nous croyons pouvoir augu-
rer qu'ils durent être fort peu nombreux. Tous ré-
pondirent-ils ? Que contenaient leurs réponses ? Il
serait curieux de le savoir ; et peut-être, un jour,
nous sera-t-il permis de lever entièrement le
voile. Quoiqu'il en soit, nous connaissons, au
moins dans leurs grandes lignes, les réponses de
Louis Veuillot, rédacteur en chef de l'*Univers*,
et du comte Avogrado della Motta. Ces deux éminents défenseurs de l'Eglise firent donc observer
que l'Immaculée Conception de Marie était un
privilège tel qu'il paraissait exiger une Bulle spéciale. Ils n'estimaient donc pas convenable d'y
joindre la condamnation des erreurs modernes.
Est-ce à dire qu'ils fussent opposés à la condamnation de ces erreurs ? ou mieux, pour employer
la formule qui, quelques années plus tard, devait
conquérir une trop grande célébrité, qu'ils ne
crussent pas à l'opportunité d'une semblable condamnation ? Non ; telle n'était point leur pensée.
Au contraire, pour que cette condamnation fut
plus solennelle encore, il était bon qu'elle eut lieu
dans un acte pontifical distinct.

D'autres que les deux vaillants athlètes que
nous venons de nommer, émirent-ils des réflexions
identiques ? Toujours est-il que Pie IX en fut
frappé. La bulle *Ineffabilis* était donc à peine pro-
mulguée, qu'il donna ordre à la commission qui

avait préparé la susdite bulle, de commencer les
études préparatoires à la condamnation des erreurs dont nous venons de parler. Nous en avons
pour garant le docte jésuite Clément Schrader :
« Nous savons, dit-il, et il conste sûrement que la
commission spéciale établie pour approfondir la
cause de l'Immaculée Mère de Dieu, ainsi que
l'avait marqué Sa Sainteté, que cette commission
fut, son travail terminé, transformée en commission chargée de rechercher les erreurs de notre
temps, ainsi que cela lui avait également été
marqué par le Souverain Pontife ; et que le suprême Pasteur et Docteur de l'Église universelle
s'est, à l'occasion, servi de ses travaux comme des
travaux des autres Congrégations Romaines pour
frapper peu à peu les diverses erreurs partout
disséminées. » (1)

CHAPITRE VI

MGR GERBET ENTRE EN LICE

Les membres de la Commission se mirent im-
médiatement au travail. (Et nous prenons ici oc-

(1) Videlicet novimus compertumque est vel ipsam
specialem, quam vocabant, Commissionem, quæ ad im-

casion de dire que si quelques-uns d'entre eux
purent être changés dans la suite, la Commission, cependant, resta toujours identiquement la
même.) Bornèrent-ils leurs recherches aux actes
pontificaux ? Empruntèrent-ils des données aux
réponses des évêques et des savants à la lettre du
Cardinal Fornari ? Nous ne saurions le dire ; non
plus que nous ne saurions dire si les archives pon-
tificales gardent encore le dépôt des travaux éla-
borés. Quoiqu'il en soit, c'est en ce moment même
que l'éloquent évêque de Perpignan publia son
Instruction pastorale du 23 juillet 1860. Mgr Gerbet est « surtout un contemplatif, qui se com-
plait dans la spéculation, qui se balance dans l'idéal,
et que pour ce motif on a appelé le « Platon
chrétien ». Il est essentiellement harmoniste ; son
génie cherche des rapports entre des idées ou des
faits, que les esprits ordinaires ne soupçonnent
même pas ; c'est ainsi qu'il révèle son envergure
et sa puissance pour réduire à l'unité des éléments
souvent disparates ou très éloignés ». Mais « le

maculatam hanc Deiparæ causam pro fine a SS. D. N.
proposito perscrutandam instituta erat, persoluto officio
in Commissionem ad errores hujus temporis pro finibus
pariter a SS. D. N. sibi propositis investigandos trans-
formatam esse ejusdemque cum reliquarum Romanarum
Congregationum opera ac studiis supremum universalis
Ecclesiæ Pastorem et Doctorem, captis opportune occa-
sionibus usum esse ut disseminatos ubique errores pe-
detentim omnes profligaret (*De Theologia generatim*,
p. 137).

contemplatif ne se perdait pas dans les nuages ;
il était de son siècle ; il en étudiait les tendances,
il en relevait les erreurs ; et l'aimait assez pour
l'avertir, au risque de lui déplaire » (1). Comme
on va le voir, — car nous nous reprocherions de
n'en pas publier intégralement le texte, et ce serait une lacune sans excuse dans un travail de
cette nature, — le vaillant apologiste condamnait
dans sa lettre quatre-vingt-cinq propositions, dis-
tribuées sous onze chefs distincts.

CHAPITRE VII

TEXTE DE LA LETTRE PASTORALE
DE MONSEIGNEUR GERBET
ET DES PROPOSITIONS QUI Y SONT CONDAMNÉES

*Instruction pastorale de Mgr l'Évêque de
Perpignan au Clergé de son Diocèse—sur diverses erreurs du temps présent.*

Nos chers Coopérateurs,

A travers toutes les vicissitudes de ce monde,
il est une chose sur laquelle l'Église de Dieu

(1) R. P. At : *Les Apologistes français au XIX° siècle,*
pp. 276 sq.

veille avec une sollicitude suprême, sans qu'aucun événement, aucune catastrophe puisse en détourner ses regards. Cette chose, c'est la doctrine catholique. L'Église a reçu l'ordre de la préserver de tout ce qui lui porterait atteinte, de n'en permettre à aucun degré l'altération, de n'en céder aucune parcelle. Elle n'a pas, à cet égard, la liberté dont les philosophes et les politiques jouissent par rapport à leurs propres conceptions. Comme elles sont le produit de leur intelligence, ils peuvent les publier ou les taire, les modifier par des concessions, transiger sur les principes ou sacrifier les conséquences. Ils disposent de ce qui forme leur propriété intellectuelle. Mais la doctrine de l'Église ne lui appartient pas ainsi : *Mea doctrina non est mea.* Elle n'en est pas propriétaire, mais dépositaire. Il lui a été dit : « Con-
» servez ce qui vous a été confié et n'a pas été
» inventé pour vous; ce que vous avez reçu et
» non imaginé. Ce n'est pas une chose de génie,
» mais de doctrine ; ce n'est pas une usurpation
» de la raison privée, mais une tradition publique.
» Elle est venue à vous, elle ne vient pas de vous ;
» comme vous n'en êtes pas l'auteur, vous n'avez
» à son égard que le devoir de gardien (1). » Le

(1) Quod tibi creditum, non quod a te inventum ; quod accepisti, non quod excogitasti ; rem non ingenii, sed doctrinæ ; non usurpationis privatæ, sed publicæ traditionis ; rem ad te perductam, non a te prolatam ; in qua

divin Fondateur de l'Église lui a promis qu'elle s'acquitterait de cette charge avec une fidélité incorruptible, jusqu'à la consommation des siècles, et quand viendra le dernier jour, elle remettra à Dieu, sur le tombeau des choses humaines, le dépôt de toutes les vérités qu'elle a reçues au cénacle, et qui remontent, par leurs bases, jusqu'au berceau de l'humanité.

Pour remplir cette mission, l'Église doit signaler, repousser, condamner les erreurs qui tendent à corrompre la pureté de sa doctrine, sous quelque forme qu'elles se couvrent. Chaque siècle a les siennes, mais il se rencontre des moments de recrudescence où elles se multiplient et s'accumulent dans un très court espace de temps. Il arrive alors quelque chose d'analogue à ce qui se passe dans le monde physique, lorsqu'à la suite d'une perturbation dans le cours des saisons, on voit se répandre dans l'atmosphère des nuées d'êtres malfaisants, ordinairement moins nombreux, moins actifs et moins visibles. De même, les grandes commotions intellectuelles et sociales font éclore ou apparaître des essaims d'idées fausses et corruptrices qui s'abattent sur les âmes, et qui semblent, suivant un des traits marqués par le prophète des destinées de l'Église, avoir

auctor non debes esse, sed custos. (*Commonit. Vincent. Lirin.*)

reçu *le pouvoir de nuire aux hommes qui n'ont point sur le front le signe de Dieu* (1).

On ne saurait méconnaître que le triste fléau intellectuel et moral dont nous parlons s'est produit récemment au sujet des événements révolutionnaires de l'Italie. Il s'est fait une prodigieuse fermentation d'erreurs, de sophismes, de calomnies, qui ont eu pour but d'exciter les attentats, d'en favoriser les développements, de glorifier ce qui s'était déjà accompli, et de pousser à une consommation plus complète et plus radicale. Sans doute, plusieurs des principes mis en avant avaient déjà été proclamés en d'autres temps ; mais on a redoublé d'activité et d'efforts pour les propager dans tous les rangs de la société par les journaux, les revues, les publications de tout genre. Diverses erreurs de détail ont été des applications nouvelles de doctrines antérieures. D'autres n'existaient qu'en germe, les circonstances les ont fait éclore et grandir. D'autres étaient comme engourdies, elles ont été réchauffées au foyer des révolutions. Enfin, pour affaiblir les principes de la doctrine catholique, qui touchaient aux événements, on l'a combattue aussi sur d'autres points qui n'y avaient pas un rapport aussi direct. A l'appui des faits particuliers qu'ils voulaient justifier, les scribes du désordre ont in-

____

(1) Præceptum est illis ne læderent... nisi tantum homines, qui non habent signum Dei in frontibus suis.

voqué des théories qui ont une portée beaucoup
plus vaste, et l'on s'est mis à soutenir, sur certaines matières, des thèses de philosophie dont le
XVIII° siècle, dans ses productions les plus célèbres
et les plus erronées, n'avait pas dépassé les limites.

Ces aberrations ont reçu l'empreinte d'une
époque où la société est ébranlée dans ses fonde-
ments. Elles sont loin de ressembler à certains
désordres de l'intelligence qui ont éclaté dans des
temps où le spiritualisme dominait les esprits et
communiquait une sorte d'élévation aux erreurs
mêmes. Elles sont non des conceptions idéales,
mais des maximes anarchiques. Les événements
qui les ont fait surgir leur ont nécessairement im-
primé ce caractère. Ce sont surtout les attentats
dirigés contre la souveraineté politique du chef de
l'Église qui ont provoqué cette insurrection doctrinale. Sous cette impulsion prédominante, ces
erreurs ont été conduites, de proche en proche, à
embrasser dans leurs attaques les principes constitutifs de l'ordre spirituel, de l'ordre temporel,
et les rapports de l'un avec l'autre. Au lieu de
se déchaîner directement contre les articles de la
foi et de la loi divine qui renferment les mystères,
les sacrements, le culte, elles se sont concentrées
sur la partie de la doctrine sacrée qui est relative
aux droits de l'Église de Dieu et aux lois fondamen-
tales de la société humaine. Elles sont, en un mot,
sous ces deux aspects, un protestantisme social.

Plusieurs des erreurs actuelles sont opposées d'une manière si manifeste à la foi, qu'elles ont été repoussées instinctivement par le sentiment catholique des populations. Mais il n'en est pas de même de l'impression que beaucoup d'autres idées fausses, moins visiblement hétérodoxes, ont faite sur un grand nombre d'esprits qui ne sont pas hostiles à la religion, qui lui sont même sincèrement attachés. Elles y ont affaibli la vigueur du sens catholique, déraciné des vérités importantes, vicié des notions saines. Elles ont semé des principes de corruption intellectuelle, dont les fruits seraient d'autant plus tristes que ces germes vénéneux sont tombés en partie sur une terre qui n'était pas mauvaise.

Des causes particulières ont favorisé les illusions que ces erreurs ont produites dans les rangs mêmes des fidèles. C'est d'abord cette idée assez répandue qu'une opinion est catholiquement libre dès qu'elle ne contredit pas un article de foi expressément défini. Cette idée est elle-même une grande erreur. Dans les jugements dogmatiques, l'Église ne se borne pas à réprimer les hérésies formelles : elle censure d'autres propositions comme erronées, voisines de l'hérésie, dangereuses pour la foi et les mœurs, schismatiques, scandaleuses, séditieuses, subversives de la hiérarchie. Elle emploie ces expressions et d'autres encore pour repousser des assertions auxquelles

elle n'attache pas la note d'hérésie. Cette juris-
prudence doctrinale est très salutaire, alors même
que ces qualifications, au lieu d'être appliquées à
tel ou tel point en particulier, tombent sur un ensemble de propositions répréhensibles. « Ces
» sortes de jugements nous règlent dans l'ordre
» de la foi, parce que c'est pour la conservation
» de la foi que l'Église les prononce et parce
» qu'ils servent à garantir la foi des fidèles, en
» les mettant en garde contre les propositions
» qui insinuent, qui favorisent ou qui enseignent
» l'erreur (1). »

Il est facile de concevoir pourquoi l'Église, dans
sa sollicitude pour l'intégrité du dépôt qui lui est
confié, ne s'arrête pas à la condamnation des hérésies proprement dites. Pour qu'une chose se
trouve dans le cas d'être sauvegardée, il n'est pas
nécessaire que les attaques auxquelles elle est ex-
posée lui portent des coups mortels ; il suffit
qu'elle soit lésée ou menacée. Prenez pour exemple
l'organisme humain : il y a des violences, des
poisons qui lui donnent la mort ; il y en a d'autres
qui lui sont nuisibles sans être aussi funestes. De
même, outre les hérésies qui tuent la foi, on voit
se produire, particulièrement à certaines époques,
des erreurs qui la blessent à quelque degré, qui
la débilitent, qui la compromettent.

(1) Lettre des Evêques de France, au roi, en 1728.

C'est pour n'être pas bien pénétrés de cette vérité tutélaire, que tant d'hommes, tout en protes-
tant de leur aversion pour celles des erreurs actuelles qui portent visiblement le caractère de
l'hérésie ou de l'irréligion, se laissent néanmoins
influencer par des opinions très condamnables,
sous prétexte qu'elles ne sont pas formellement
contraires à ce qui est énoncé dans les professions
de foi, les enseignements du prône ou les leçons
du catéchisme.

Une autre cause a contribué à propager cette
illusion. Ce sont des idées vagues et confuses sur
la nature même des objets auxquels se rapportent
toutes ces erreurs sociales. Ces objets sont l'ordre
spirituel et l'ordre temporel. La notion de chacun
de ces ordres est-elle bien précise dans beaucoup
d'esprits, quelque instruits qu'ils puissent être à
d'autres égards ? Sont-ils très éclairés sur les matières mixtes ? Ces deux ordres étant à la fois
distincts dans leur essence et connexes dans leurs
rapports, n'est-il pas bien facile d'abuser de leur
distinction pour les séparer, ou de leur connexion
pour les confondre ? Or, si l'on considère la situation respective de l'Église et de l'État, telle qu'elle
se présente aujourd'hui dans plusieurs pays, la
tendance des législations, la pente des doctrines,
ne conçoit-on pas que le grand abus le plus à
craindre de nos jours n'est point l'immixtion du
spirituel dans le temporel, mais l'invasion du tem-

porel dans le spirituel? Quel homme de bon sens voudra soutenir que notre siècle est aussi favorable à des thèses scholastiques qui attribueraient à l'Église ce qui ne rentre pas dans ses droits, qu'il est naturellement fertile en sophismes politiques qui dénient à l'Église ce qui lui appartient? De là une foule d'assertions aussi erronées que dangereuses, qui sont acceptées d'autant plus facilement, que les livres sérieux, où sont développées les vraies notions de l'ordre spirituel et de l'ordre temporel, ne se trouvent qu'entre les mains d'un petit nombre de personnes studieuses, tandis que les feuilles légères, qui embrouillent, frelatent, dénaturent ces notions, soit à dessein, soit par ignorance, pénètrent journellement dans toutes les classes de la société.

Cette situation, où des erreurs révoltantes au premier coup d'œil se produisaient avec un entourage d'idées captieuses, ne permettait pas aux organes de la religion de rester muets. Il y a sans doute des temps où la prudence peut retenir les paroles ; il n'y en a point où la crainte doive les enchaîner. Dans certains moments, dit le grand saint Hilaire, « le silence serait un » signe de timidité, et non une marque de modé- » ration ; s'il peut être dangereux » pour la cause de la religion « de ne se taire jamais, le serait-il » moins de toujours se taire ? » (1). Il y a, de

(1) *Ulterius enim tacere diffidentiæ signum est, non*

plus, des circonstances où le mutisme ne serait pas seulement un danger, mais une prévarication, parce qu'il favoriserait la propagation d'un mal contagieux. Ces temps étaient arrivés, et l'on a senti généralement qu'il fallait opposer aux grands bruits de l'erreur autre chose qu'un grand silence.

Le Vicaire de Jésus-Christ a donné à toute l'Église des avertissements qui sont un fanal pour la conscience de tous les catholiques. Dans les actes qu'il a dû publier pour protester contre des faits criminels, il a signalé d'une manière générale les principes qui en sont les complices. Il a demandé qu'on secondât partout sa parole apostolique, et l'on ne saurait y réussir plus efficacement qu'en développant tout ce qu'elle renferme pour en faire l'application à tout ce qu'elle repousse. Deux moyens principaux s'offrent à cet effet, la condamnation et la réfutation : la condamnation, qui indique aux fidèles, sous une forme authentique et précise, les aberrations doctrinales dont ils doivent se préserver ; la réfutation, qui a pour but de faire concevoir aux amis et aux ennemis de la foi l'inanité et la fausseté des doctrines hétérodoxes.

Le second de ces moyens a déjà été employé,

modestiæ ratio, quia non minus periculi est semper tacuisse, quam nunquam. (*Lib. adv. Constantium.*)

soit dans des ouvrages antérieurs, qui ont sapé
d'avance les principes des erreurs présentes, soit
dans des écrits récents, qui ont combattu à la
fois ces principes et leur nouvelle application.
Les Évêques, entourés des nobles et utiles auxi-
liaires qu'ils ont trouvés dans les rangs du clergé
et des laïques, ont réfuté avec plus ou moins de
développements ces opinions funestes. L'enseignement par voie d'autorité ne constitue pas
toutes les fonctions de l'épiscopat en matière de
doctrine ; la polémique y a eu aussi une place dès
les premiers temps du christianisme. Il est dit que
saint Paul « disputait avec les Grecs » (1) et « qu'il
réfutait publiquement les Juifs » (2). Les Juifs
d'aujourd'hui, ce sont tous ceux qui ont pris à
tâche de calomnier la Papauté pour provoquer
son crucifiement ; les Grecs, ce sont les habiles,
qui se sont exercés à embrouiller les notions du
droit, et qui ont si bien rempli le rôle d'assem-
bleurs de nuages. Lorsque le temps sera venu de
faire une tranquille histoire de cette polémique,
on verra tout ce qu'il y a de versatile, d'incons-
tant et de délabré dans les thèses factices qu'on a
opposées aux principes éternels d'ordre et de
justice soutenus par l'épiscopat. Il y a, il est vrai,
dans les instructions pastorales des Évêques, une

____

(1) Disputabat cum Græcis (Act. c. IX, v. 29).
(2) Judæos revincebat publice (Act. c. XVIII, v. 28).

partie dont l'avenir seul pourra fournir une démonstration matériellement évidente. Ce sont les prédictions qu'ils ont faites sur les conséquences futures des doctrines qu'ils ont combattues, comme ils en ont fait, à d'autres époques, au sujet d'autres systèmes d'erreur. Dans le xviie siècle, les grands controversistes catholiques avaient annoncé que le protestantisme ruinerait graduellement les principaux dogmes chrétiens qu'il avait reçus de l'Église et emportés avec lui. Le protestantisme s'écria que cette prédiction était une calomnie ; l'histoire en fait une vérité. De même, nous sommes fondé à croire que si le protestantisme social, dont nous voyons actuellement une des manifestations les plus significatives, obtenait un triomphe durable, il finirait par attaquer lui-même ceux des principes sociaux qu'il veut encore retenir. Nous pensons qu'il est logiquement une préparation à d'autres ruines, et que bien des idées, tournées aujourd'hui contre la *tyrannie* spirituelle et politique, seront retournées plus tard, si Dieu n'y met ordre, contre l'institution *oppressive* et *tyrannique* de la propriété. Du reste, de quelque manière que l'on apprécie cette polémique sur l'avenir, les catholiques savent que celle qui touche au présent a fait son devoir, et le bruit de ces nobles luttes a rempli le monde.

Mais tout en reconnaissant les services que cette

polémique a rendus, on peut se demander s'il n'y
a pas lieu de recourir aussi à un moyen d'un autre ordre ; s'il n'est pas à propos, dans l'intérêt
des fidèles, que des condamnations doctrinales
détaillées complètent ce que les réfutations ont
commencé. Il est vrai que les enseignements con-
signés dans les actes officiels de l'Épiscopat im-
pliquent déjà une réprobation de plusieurs doctrines fausses, surtout de celles qui se lient d'une
manière directe aux perturbations récentes. Toutefois, il reste à savoir s'il n'est pas opportun,
pour quelques pays du moins, d'en venir à quelque
chose de plus formel et de plus spécifique. Nous
n'avons point le droit de soulever cette question
pour d'autres diocèses : nous la renfermons dans
les limites de celui sur lequel nous devons veiller.
La connaissance que nous avons de sa situation
religieuse nous fournit deux données importantes
sous le point de vue dont il s'agit. Si, d'un côté,
nous avons appris que, dans la classe de la société où l'intelligence est cultivée, un certain
nombre de nos diocésains se sont laissé troubler
par les erreurs actuelles, nous savons, d'un autre
côté, que cette contrée si catholique renferme
dans une proportion plus grande, comparative-
ment à d'autres parties de la France, une foule
d'hommes qui n'ont besoin que d'être avertis en
ce moment par quelque acte solennel pour ne pas
s'écarter de la saine doctrine, ou pour y rentrer,

s'il ont fait quelques pas hors d'elle. Nous avons de bonnes raisons de penser qu'une sorte de jugement, dans lequel leur Évêque résumerait, d'une manière nette et précise, un ensemble de propositions fausses et, pernicieuses, pour les repousser en vertu de l'autorité divine dont il est investi, exercerait sur ceux dont nous parlons une influence salutaire. Nous croyons même que, pour obtenir ce résultat, il ne serait pas besoin de faire lire dans les chaires du diocèse une publication de ce genre, heureusement inutile pour beaucoup de fidèles, et qu'il suffirait de l'adresser au clergé, en lui recommandant de la communiquer à toutes les personnes qui pourraient en tirer un bon fruit. Cette pensée nous préoccupe depuis quelque temps, et les conseils que nous avons pris à ce sujet l'ont affermie en nous. Aussi, après y avoir mûrement réfléchi devant Dieu, après avoir demandé au *Père des lumières* les grâces qu'il nous a promises pour l'accomplissement de nos devoirs, surtout dans les circonstances difficiles, nous avons résolu de faire ce qui nous semble entrer dans les exigences de notre charge pastorale.

C'est au Souverain Pontife seul qu'il appartient de discerner les temps et les conjonctures où il peut être nécessaire de rendre des jugements dogmatiques adressés à l'Église universelle ; c'est lui qui en apprécie les motifs, qui en choisit les moments dans sa souveraine sagesse. Mais nous savons par l'histoire ecclésiastique que le Vicaire de Jésus-Christ a souvent approuvé la sollicitude des Évêques qui avaient cru devoir promulguer, sous une forme ou sous une autre, des règles doctrinales appropriées aux besoins urgents de leurs propres diocèses, avec l'intention de suivre en tout l'esprit du Saint-Siège apostolique. Si celui qui est, par l'ordre de Dieu, le Docteur de toute l'Église, venait à juger qu'une ou plusieurs des propositions, qui nous paraissent condamnables, n'ont rien de contraire à la vraie doctrine, le moment où il nous ferait entendre sa pensée à cet égard serait l'instant même où nous porterions à la connaissance du public, avec la plus scrupuleuse exactitude, les rectifications qu'il nous aurait indiquées. Mais il nous semble que nous pourrons conserver une humble confiance de n'avoir pas franchi les justes bornes, et que nous aurons moins à craindre d'être allé trop loin que d'être resté en deçà de ce qu'il aurait été peut-être convenable de faire.　—

Nous croyons aussi que personne ne pourra méconnaître le véritable caractère de cette Instruction pastorale. On verra qu'elle se renferme, comme toutes nos autres publications officielles, dans une sphère plus élevée que celle où les adversaires de l'Épiscopat l'accusent de se placer. Nous ne faisons pas de la politique, nous faisons de l'orthodoxie. Les erreurs que nous avons en vue seraient condamnables dans tous les temps, alors même qu'elles ne seraient que spéculatives. Si, de nos jours, elles ont été appliquées aux faits, c'est une grande raison de s'élever contre elles avec plus d'éclat.

Les catholiques sont d'autant plus forts qu'ils voient avec plus de netteté que certaines luttes remontent inévitablement des faits aux croyances. L'Église, vulnérable dans sa situation matérielle, est inexpugnable dans sa foi ; et, lorsque sa puissance externe subit des injustices et des revers, c'est d'ordinaire le moment de développer son énergie interne, en attaquant, dans la région des doctrines, le principe des coups qui lui sont portés dans ses intérêts les plus légitimes.

Telles sont, Nos très chers Coopérateurs, les considérations qui nous déterminent à vous signaler comme hétérodoxes ou menaçantes un certain nombre d'assertions émises et soutenues par la presse anticatholique, dans les questions qui touchent aux vérités sur lesquelles reposent l'ordre spirituel et l'ordre temporel. Les unes ont été déjà condamnées, les autres n'ont pas encore été l'objet d'une censure expresse, sous la forme où elles se produisent. Les unes sont évidemment opposées à des points de foi ; les autres sont, à divers degrés, contraires à la saine doctrine, et quelques-unes, au moins pernicieuses, surtout aujourd'hui, particulièrement à raison du but que se proposent ceux qui voudraient les faire prévaloir.

En rédigeant ce triste résumé, nous avons cru devoir joindre aux erreurs du moment quelques autres doctrines contemporaines d'une date moins récente. Quoiqu'elles n'aient pas un rapport immédiat aux événements que toute l'Église déplore, elles sont solidaires des erreurs actuelles, soit parce qu'elles les contenaient en germe, soit parce qu'elles ont produit dans les idées un ébranlement favorable à des aberrations de tout genre.

Les propositions que nous avons le plus remarquées sont les suivantes :

I

De la Religion et de la Société.

1° Le progrès de la civilisation demande que la Société humaine soit constituée sur des bases purement temporelles, placées en dehors des croyances religieuses.

2° La loi morale, régulatrice des actions humaines, est radicalement séparable de la religion, et cette loi n'a nul besoin d'une sanction divine.

3° L'intelligence humaine est renfermée dans les limites des sensations ; la morale, dans le cal-

cul des intérêts ; la politique, dans les combinai-
sons de la force.

4° L'énergie spontanée de l'intelligence humaine est telle que toute révélation divine est
inutile pour l'ordre social.

5° On viole les règles de la théologie, ainsi que
les limites dans lesquelles elle doit se renfermer,
en affirmant que le dogme de la déchéance originelle et le dogme de la régénération fournissent
des lumières sur les conditions et les lois de la
société humaine.

6° L'invariabilité des dogmes chrétiens est un
obstacle au progrès social.

7° La tendance de la théologie catholique est
favorable, non à l'abolition, mais à la perpétuité
de l'esclavage.

8° Le Christianisme, tel qu'il est enseigné par
l'Église catholique, n'a pas exercé et n'est pas
de nature à exercer une influence salutaire sur
le droit civil, le droit politique et le droit des
gens.

9° La doctrine évangélique sur l'assistance fra-
ternelle ne concerne que les individus, et elle
n'est applicable, en aucun cas, aux rapports réci-
proques des sociétés politiques, en faveur de gouvernements légitimes injustement attaqués par
des ennemis intérieurs ou extérieurs.

10° La maxime, *chacun pour soi,* appliquée
aux gouvernements, est l'expression d'un égoïsme

légitime, lequel doit constituer la vraie base des rapports internationaux.

11° La piraterie, interdite par la loi de Dieu envers les particuliers, est licite à l'égard des États.

II

Des deux puissances.

12° Le bien de la société humaine exige qu'il n'y ait pas deux puissances distinctes, l'une spirituelle, l'autre temporelle.

13° L'union de l'ordre spirituel et de l'ordre temporel détruit la distinction des deux puissances, et implique l'absorption, par le pouvoir spirituel, des droits qui sont de l'essence du pouvoir temporel.

14° L'union de l'ordre spirituel et de l'ordre temporel est essentiellement contraire à la bonne constitution des sociétés humaines.

15° L'union de l'ordre spirituel et de l'ordre temporel doit être considérée comme un état accidentel et passager, déterminé par les circonstances d'une époque, et non comme l'état normal de la société régénérée par le Christianisme.

16° Dans toute société bien constituée, la législation et les actes du gouvernement doivent avoir pour règle une indifférence systématique entre la vérité et l'erreur en matière de religion.

17° S'il est théologiquement vrai que chaque nation chrétienne doive faire partie d'une seule et même Église universelle, soumise à un Chef suprême, il serait politiquement utile que chacune d'elles constituât une église nationale sous la suprématie du Chef de l'État.

18° Ce serait une bonne chose que chaque peuple ou chaque gouvernement catholique eût, en matière de théologie, des traditions nationales, différentes de la tradition générale de l'Église.

19° Les gouvernements politiques peuvent imposer, soit au Clergé, soit aux fidèles, des ecthèses ou formulaires théologiques qui ne seraient pas approuvés par le Saint-Siège ou les Conciles généraux.

20° Si des Évêques et des prêtres sont actuellement détenus et poursuivis dans quelques contrées de l'Italie, parce qu'ils ne reconnaissent qu'au pouvoir spirituel, et non au pouvoir civil, le droit d'ordonner des prières, des cérémonies religieuses, ils ne doivent pas être considérés comme souffrant pour la défense d'un principe catholique.

21° La théologie catholique induit à soutenir que les affaires purement temporelles sont du ressort de la puissance spirituelle.

22° L'Église ne doit ni établir des prescriptions

ni rendre des décisions qui aient ou puissent avoir des conséquences obligatoires pour les consciences, relativement à l'usage chrétien des choses temporelles.

23° Il est contraire à l'esprit de l'Évangile, que l'Église possède des biens temporels, et elle ne peut légitimement recevoir ou acquérir des propriétés destinées à l'entretien de ses ministres, aux besoins du culte et à l'assistance des pauvres.

III

De la puissance spirituelle.

24° Le gouvernement de l'Église instituée par Jésus-Christ n'est pas vraiment monarchique.

25° Les gouvernements peuvent légitimement entreprendre d'arrêter la circulation de la vie catholique, en mettant obstacle aux relations du Saint-Siège avec les différentes parties de la catholicité.

26° Un Évèque ou un Concile provincial s'écarte des règles de la théologie, en défendant d'enseigner, dans le ressort de sa juridiction, que les jugements les plus importants et les plus solennels du Souverain Pontife ont besoin d'une sanction extrinsèque.

27° Les lois de l'Église ne deviennent obligatoires en conscience, que moyennant une promul-
gation ou publication faite par le pouvoir civil.

28° Lorsqu'il se présente des cas de nécessité
ou de grande utilité, dans lesquels le Pape doit
exercer son pouvoir par des actes placés en dehors
ou au-dessus des canons en vigueur dans toute
l'Église, ce n'est pas à lui qu'il appartient de
juger si ces cas existent.

29° Il n'appartient pas au Pape de décider si
les usages et coutumes des églises particulières
doivent être maintenus.

30° Aucune autorité ecclésiastique, y compris
le Pape et les Conciles généraux, n'a le droit
d'excommunier un souverain.

31° L'autorité spirituelle du Pape est naturellement hostile à celle des souverainetés temporelles.

32° La théologie catholique enseigne que les
chefs des sociétés politiques dépendent du Pape
dans l'administration de ce qui constitue le do-
maine propre de l'ordre temporel.

IV

De la souveraineté temporelle du Pape.

33° Le premier Pape qui a accepté une Souveraineté temporelle et les Princes qui ont contribué
à cette institution ont erré.

34° La souveraineté temporelle du Pape est contraire à la doctrine de l'Évangile.

35° Elle n'est pas d'une haute importance pour les intérêts spirituels de la Catholicité.

36° Elle n'est pas compatible avec les principes d'un bon gouvernement temporel.

37° Il est faux que cette souveraineté temporelle revête un caractère spirituel en vertu de sa destination sacrée.

38° On tombe dans une confusion de principes, ou tout au moins dans l'exagération, lorsqu'on affirme, selon les termes de Bossuet, que « les » droits de ce trône ne peuvent, sans sacrilège, » être envahis, enlevés ni rappelés sous la domi- » nation séculière. »

39° Un Pape, qui prononce une excommuni-cation contre les envahisseurs des États de l'Église, n'emploie les armes spirituelles que dans un in-térêt mondain.

40° L'excommunication prononcée par le Con-cile général de Trente, contre les envahisseurs des domaines ecclésiastiques, repose sur une con-fusion de l'ordre spirituel et de l'ordre civil et po-litique.

41° Les principes et les serments qui obligent les Papes à maintenir l'intégrité des États de l'Église, se réduisent à une règle qui les astreint à ne pas distraire une partie quelconque de ses États en faveur de leurs propres parents.

42° Le monde catholique n'a aucune espèce de droit à la conservation et à l'intégrité du pouvoir temporel du Pape.

43° La conscience des catholiques ne doit considérer le concours qu'ils peuvent prêter aux intérêts temporels du Saint-Siège que comme une affaire qui n'a aucun caractère religieux.

V

Du pouvoir temporel.

44° L'existence d'un pouvoir dans chaque société politique n'est pas nécessaire de droit divin.

45° Le précepte énoncé par l'apôtre saint Paul en ces termes : « Que toute âme soit soumise aux puissances supérieures », n'exprime qu'une obligation transitoire, et ne s'applique ni à toutes les époques, ni à tous les genres de société.

46° La volonté populaire est une autorité qui n'a pas besoin d'avoir raison pour valider ses actes.

47° Si un peuple veut se faire du mal, personne n'a le droit de l'en empêcher.

48° Les maximes révolutionnaires, suivant lesquelles chaque monarque n'est que le premier commis du peuple, sont identiques, quant au sens, aux passages dans lesquels saint Thomas d'Aquin et d'autres théologiens disent que le monarque est une personnification de la communauté.

49° En cas d'abus graves et prolongés, l'insurrection est un droit, et même un devoir.

50° Les principes d'insurrection, proclamés en faveur d'événements récents en Italie, concordent avec le sentiment que des théologiens très estimés dans l'Église ont soutenu en parlant de la tyrannie.

51° La monarchie héréditaire est une institution contraire aux principes du droit naturel et à l'esprit de l'Évangile.

52° La tradition de l'Église catholique renferme un enseignement favorable au despotisme.

53° En toute société politique, chrétiennement constituée, il n'y a aucun droit qui n'ait son principe et sa source dans le droit illimité de l'État.

VI

De la famille.

54° La société domestique ou la famille tire de la loi civile la légitimité de son existence.

55° Il est à désirer, pour le bien de la société, qu'il soit généralement reconnu que les conditions essentielles du lien conjugal doivent varier au gré des gouvernements et des opinions nationales.

56° Le progrès social doit amener l'abolition de l'indissolubilité du mariage.

57° Les causes matrimoniales ne regardent pas les juges ecclésiastiques.

58° Le précepte, promulgué par saint Paul, sur la soumission que la femme doit à son mari, est contraire à la légitime émancipation de la femme ; ou, s'il a été bon pour le passé, il ne l'est pas pour l'avenir.

59° Le perfectionnement social demande que, par l'affaiblissement du pouvoir paternel, il soit introduit dans la famille un régime de liberté, en vertu duquel le père soit aussi peu gouvernant, et les enfants aussi peu gouvernés qu'il est possible.

VII

De la propriété.

60° La propriété est contraire à la loi de justice, ainsi qu'à la loi de charité et de fraternité chrétienne.

61° La propriété n'est pas fondée sur le droit naturel, et repose uniquement sur le droit civil.

62° Il est conforme aux saines doctrines de la théologie et du droit public d'admettre que les gouvernements sont les vrais propriétaires des biens possédés par les Eglises, les corporations religieuses, les hospices, les provinces et les communes.

63° Les règles de la théologie morale sur la charité, suivant lesquelles il est dit que les riches doivent prendre sur leur superflu pour subvenir aux nécessités des pauvres, n'expriment qu'un conseil et non un précepte.

64° La bonne économie politique demande qu'il soit établi, dans chaque Etat, un régime qui ait pour principe et pour effet d'interdire à l'Église et aux particuliers l'exercice de la charité envers les indigents.

VIII

Du socialisme en matière de propriété et en matière d'éducation.

65° Les propriétés appartiennent à la nation, les enfants appartiennent à la nation.

66° Le droit de propriété est une concession de la souveraineté nationale ; le droit des pères de famille sur l'éducation de leurs enfants est une concession de la souveraineté nationale.

67° La bonne constitution de la société demande que la nation, représentée par l'État, ait, sous une

forme ou sous une autre, directement ou indirec-
tement, le monopole de tous les établissements
d'éducation et de toutes les propriétés indivi-
duelles ou collectives.

IX

De l'état religieux.

68° Les obligations spéciales qui constituent
fondamentalement les Ordres religieux n'ont pas
leurs racines dans l'Évangile.

69° Les Ordres religieux sont une institution
étrangère aux principes constitutifs du Christianisme.

70° La perpétuité des vœux religieux peut, ainsi
que l'indissolubilité du lien conjugal, être combattue par des raisons solides, fondées sur l'in-
constance de la nature humaine, les exigences de
la liberté et les règles de la prudence.

71° Les Communautés religieuses qui ne sont
pas vouées à des œuvres extérieures de charité
n'ont pas une raison légitime d'existence.

72° Par leurs prières, leurs actes expiatoires,
leurs exemples d'abnégation, elles ne pratiquent
la charité que d'une manière stérile et chimérique.

73° Si les corporations religieuses, qui s'oc-
cupent d'œuvres extérieures de charité, rendent

des services, ce n'est point parce qu'elles font des
vœux, mais quoiqu'elles fassent des vœux.

74° La saine politique exige que les gouvernements catholiques aient pour maxime et pour
règle de mettre, *a priori*, en état de suspicion,
les Ordres religieux.

X

De l'ordre matériel.

75° Quoiqu'il en soit de la fin dernière des individus dans un autre monde, le but suprême auquel les sociétés politiques doivent subordonner
et rapporter toutes leurs lois et toutes leurs actions, est l'exploitation de la matière.

76° A ceux qui prétendent que le paganisme a
trop exalté la chair, on peut répondre que le
Christianisme a trop exalté l'esprit.

77° Les maximes de l'Évangile ont pour effet
de paralyser les développements légitimes de l'activité humaine dans l'ordre matériel.

78° L'élément matériel doit prédominer dans
l'éducation de la jeunesse.

79° La loi religieuse, qui prescrit, à certains
jours, la cessation des travaux matériels pour favoriser la culture spirituelle, est contraire aux
principes d'une bonne économie politique.

XI

*Des diverses calomnies et injures proférées
ou renouvelées à l'époque actuelle.*

80° Le gouvernement temporel des Papes a été
un fléau pour les habitants des États de l'Eglise
et pour l'Italie entière.

81° Les formules d'excommunication adoptées
par le Saint-Siège renferment des expressions
contraires à la dignité des choses saintes.

82° Les protestations des Évêques du monde
catholique en faveur de la Souveraineté temporelle du Pape, ont été l'effet de passions politiques.

83° En donnant des témoignages de satisfac-
tion et des encouragements à l'association pour
la *Propagation de la Foi*, aux *Conférences de
Saint-Vincent-de-Paul*, et autres sociétés ana-
logues, les Papes ont approuvé des institutions
hypocrites, qui affichent un but, et en poursui-
vent un autre.

84° Les exercices religieux extraordinaires, que
donnent des prêtres séculiers ou réguliers appe-
lés à cet effet par les Évêques, ne produisent en
général qu'un vain bruit de religion, et sont par
eux-mêmes contraires à la paix publique.

85° En France, les Communautés religieuses s'écartent de l'esprit de l'Évangile pour accaparer des richesses ; elles sont un des plus grands dangers pour le pays, une des plus grandes plaies sociales.

Voilà, nos très chers Coopérateurs, la déplorable et odieuse liste que nous avons cru devoir dérouler sous vos yeux. Vous repousserez ce qu'elle contient, comme votre Évêque le condamne. En vous affermissant de plus en plus dans les principes opposés à ces erreurs vivantes, parlantes et agissantes, vous contribuerez, pour ce qui vous concerne, à la parfaite intégrité de la doctrine sacrée et à la défense de l'Église. Vous servirez aussi la cause des sociétés politiques, en concourant au maintien des vérités, bases divines de l'ordre, qui peuvent être méconnues dans des moments de vertige ou de scepticisme social, mais qui, tôt ou tard, ramènent à elles, par la force des choses, les populations qui s'en sont écartées sous le coup des sophismes et des passions.

C'est pour seconder, selon la mesure de nos forces, la mission de l'Église sous ces deux rapports, que nous vous adressons cette Instruction pastorale, adaptée aux besoins des temps présents. Vous sentirez, nous le croyons, que dans l'accomplissement de ce devoir nous nous sommes

dégagé de tout autre entraînement que celui du
devoir lui-même. Plus cet acte est important par
son objet et par son caractère, plus nous avons
dû y mettre de gravité, de simplicité et de mo-
dération. Le fond est assez fort par lui-même :
nous aurions craint de l'affaiblir en y ajoutant
les vivacités de la forme. La seule chose qu'il
faille y joindre, c'est l'ardeur de nos communes
prières, non seulement pour tous ceux qui sont
fidèles aux saines doctrines, mais encore pour
tous ceux qui les abandonnent ou qui les com-
battent. Les adversaires de l'Église seront ainsi,
même à leur insu, ses obligés, et s'ils peuvent se
soustraire aux vérités qu'elle enseigne, ils n'échap-
peront pas du moins à son inévitable charité.

Pour vous, en lisant cette Instruction pastorale,
considérez non la faiblesse de son auteur, mais la
puissance des vérités auxquelles elle se rapporte
et des motifs qui nous la dictent. Nous avons dû
nous-même faire abstraction de cette faiblesse
pour ne voir que cette puissance. Nous nous
sommes efforcé d'entrer dans les dispositions où
se trouvait le grand Évêque cité plus haut, lorsqu'à la fin d'une lettre dogmatique il adressait à
ses frères ces paroles qui expriment aussi,
croyons-nous, nos sentiments, quoiqu'elles les
surpassent : « Si j'ai oublié, leur disait-il, le peu
» que je suis pour traiter de choses si impor-
» tantes, c'est que mon amour pour vous m'y a

» forcé ; c'est ma foi qui vous a parlé. Ma cons—
» cience me rend ce témoignage que j'ai payé
» ainsi à l'Église une partie du prix de ma charge
» militante et que j'ai dû lui offrir dans le Christ,
» par cette lettre basée sur les doctrines évangé-
» liques, la voix de mon épiscopat (1). »

Recevez, nos chers Coopérateurs, les vœux que
nous formons pour qu'il vous soit accordé de
conserver, au milieu des agitations de ce temps,
cette paix que le Sauveur a promise à tous ceux
qui, *affermis dans la foi et inébranlables dans
l'espérance* (2) suivent la route de la vérité et de
la justice (3).

Donné à Notre-Dame de Font-Romen, en cours
de visite pastorale, sous notre seing, le sceau de
nos armes et le contre-seing du secrétaire de
notre Évêché, le jour de la fête de saint Apolli-
naire, 23 juillet de l'an de grâce 1860.

† PHILIPPE, *Évêque de Perpignan.*

Par Mandement de monseigneur :

SALY, *chan. hon.*, pro-secrétaire.

(1) Humilitatis meæ immemor de tantis rebus......
amore vestri coactus hæc scripsi ; et quæ ipse crede-
bam locutus sum, conscius mihi hoc Ecclesiæ militiæ
meæ stipendium debere, et per has literas episcopatus
mei in Christo vocem, secundum doctrinas evangelicas
destinare (De Synod. adv. Arian.)
(2) Ep. B. Pauli ad Coloss. C. I, V. 23.
(3) Eccl. C. XXXIV, V. 22.

CHAPITRE VIII

L'INSTRUCTION DE MGR GERBET SERT DE
NOUVELLE BASE AUX TRAVAUX DE LA COMMISSION

Par sa nature même, l'éloquente et suggestive *Instruction pastorale* de Mgr Gerbet devait imprimer une nouvelle et féconde impulsion aux travaux préparatoires. Pie IX voulut prendre personnellement connaissance du « triste résumé » de Mgr Gerbet. Et sa lecture le frappa à tel point qu'il donna l'ordre de le faire imprimer à part sous ce titre : *Propositions les plus remarquables condamnées par Mons. l'Évêque de Perpignan dans son Instruction pastorale du 23 juillet* 1860 (1). Chacun des théologiens fai-

(1) Ce n'est donc pas absolument à tort qu'on a pu appeler Mgr Gerbet, le « père » du *Syllabus*.

Le R. P. At écrit à ce sujet : « Cette Instruction pastorale avait frappé Pie IX, qui y puisa la pensée de promulguer une Constitution dogmatique d'après ce modèle, en y ajoutant le poids de son autorité. Elle fut revue, retouchée, vingt fois mise sur le métier par une commission de théologiens présidée par le célèbre cardinal Billio. De là sortit la fameuse pièce, connue sous

sant partie de la Commission reçut un exemplaire
de cette brochure. Elle devait leur servir comme
de nouveau cadre d'études. Et s'il faut en croire
les notes qu'a laissées le secrétaire de la Commission, Mgr Jacobini, plusieurs de ces propositions
furent marginées, sans doute afin d'appeler encore plus spécialement l'attention sur elles. En
voici la liste par rang d'ordre : 7 — 10 — 18 —
20 — 21 — 24 — 29 — 32 — 38 — 47 — 49 —
50 — 54 — 55 — 59 — 65 — 66 — 72 — 73
76 — 85.

le nom de *Syllabus*, annexe de l'Encyclique *Quanta cura*.
Cet acte secoua le monde entier, tourna tous les regards vers l'intrépide vieillard du Vatican, provocant
l'admiration des uns, la colère des autres. Nul ne son-
gea à l'évêque caché aux pieds des Pyrénées, à qui ap-
partenait l'initiative d'un si considérable mouvement.
Mais l'histoire, plus juste que ses contemporains, gar-
dera sa mémoire, en attachant son nom à l'un des faits
théologiques les plus importants des temps modernes,
depuis le Concile de Trente. » (*Apologistes français*,
p. 285).

Il y a, en ces quelques lignes, plusieurs inexactitudes.
D'abord, nous l'avons vu, ce n'est point Mgr Gerbet qui
a eu « l'initiative » du *Syllabus* ; ce n'est point à lui que
Pie IX en a emprunté la « pensée ». Ensuite, nous le
verrons, le « cardinal Billio » n'était point encore cardinal, et n'a par conséquent jamais présidé les « Com-
missions » du *Syllabus*. — Si nous avons relevé ces erreurs du P. At, alors que nous taisons celles, plus con-
sidérables, que nous avons rencontrées dans les nombreux ouvrages consultés, c'est que, dans la suite, nous
avons souvent fait appel au témoignage de l'érudit écri-
vain.

Le Pontife ne s'arrêta point là. En outre de la
Commission générale dont le Président était
l'Em. Cardinal Vincent Santucci, préfet de la
Congrégation des Études, Pie IX nomma une
Commission spéciale, dont le président fut S. E. le
Cardinal Caterini, préfet de la Congrégation du
Concile, membre des Congrégations de l'Inquisi-
tion, des Rites, de la Propagande, etc. ; le secrétaire, Mgr Jacobini, plus tard cardinal ; et les
théologiens consulteurs : Mgr Pie Delicati, le
R. P. Hyacinthe de Ferrari, des Frères prêcheurs,
et le R. P. Perrone, de la Compagnie de Jésus.
Les notes manuscrites laissées par Mgr Jacobini
— elles seront peut-être publiées un jour — per-
mettent de suivre pas à pas, pour ainsi dire, les
travaux de la Commission.

Elle tint sa première réunion le 21 mai 1861.
Dans son discours d'ouverture, raconte Mgr Jacobini, l'Eminentissime Cardinal Caterini rappela
d'abord l'heureuse inspiration qu'avait eue le
Souverain Pontife en se déterminant à condamner
les pernicieuses et déplorables doctrines qui, en
si grand nombre, empoisonnent les publications
même théologiques et du même coup portent atteinte à l'intégrité de la foi, à la pureté de la morale, à la solidité des principes qui sont la base
de toute société. Il dit ensuite comment la présente Commission avait été nommée pour aider le
Saint-Siège à procéder avec toute la maturité de

jugement qu'exige une matière de cette importance. Mais pour faciliter les « travaux préparatoires » de la Commission, comme aussi pour
fournir une sorte d'indication dans les « notes à
assigner aux erreurs modernes », le Saint-Père a
voulu qu'on remit à chacun des membres de la
Commission le catalogue dressé par le docte et
pieux évêque de Perpignan. Choisir dans ce catalogue les propositions qui leur paraîtraient le plus
radicalement fausses ; les formuler en latin en les
adaptant de leur mieux à la façon de parler générale ; leur appliquer enfin les censures qu'ils ju-
geraient convenables : tel était donc le devoir des
membres de la Commission. — Deux jours plus
tard (23 mai), nouvelle réunion dans laquelle les
membres de la Commission convinrent de s'arrêter plus spécialement sur les propositions qui
contiennent explicitement l'erreur, et de laisser
de côté toutes celles qui n'en seraient qu'une expression différente.

Assurément, nos lecteurs ne peuvent être que
curieux de savoir quel fut le résultat des décisions prises par la Commission, et de l'examen
auquel elle se livra. Des propositions de Mgr Gerbet, treize furent éliminées, savoir, celles comprises sous les nos 7 — 10 — 18 — 21 — 32 —
38 — 47 — 59 — 69 — 72 — 73 — 76 — 85.
Elles se trouvaient en effet dans le cas visé par la
Commission ; c'est-à-dire que, quoique intrinsè-

quement erronées ou impies, elles étaient impli-
citement comprises dans d'autres propositions,
dont elles constituaient simplement un exposé
différent. — Cinq d'entre elles furent modifiées
de manière à leur faire exprimer la même erreur,
mais sous une forme plus scolastique. — Six
furent fondues et ramenées à trois. — On com-
pléta enfin par l'addition d'une nouvelle propo-
sition.

On obtint ainsi un recueil de soixante-dix
propositions, formulées en latin, puisqu'elles de-
vaient faire partie d'une Bulle, et sectionnées
sous les onze groupes indiqués par Mgr Gerbet.

La rédaction du *Syllabus* entrait, de ce fait,
dans une phase nouvelle qu'il conviendra d'étu-
dier avec quelques détails (1).

(1) Voir notre second volume : Deuxième phase : 1861-
1862. Travaux de la Commission.

TABLE DES MATIÈRES

FIN DE LA TABLE